Der blonde Junge heißt Leo.
Er ist sechs Jahre alt.
Seit dem letzten Sommer
geht er in die erste Klasse.
Die Schule macht ihm sehr viel Spaß.
Er lernt lesen, schreiben, rechnen
und viele andere Sachen.
In den Pausen spielt er mit seinen Freunden.
Darauf freut er sich immer sehr.

Es ist Freitag, der letzte Schultag der Woche.

„Dieses Wochenende wird cool“,

flüstert Leo seinem besten Freund Oskar zu.

Am Abend darf er beim Handballspiel
seines Vaters zuschauen.
Leos Papa spielt nämlich bei den Löwen.
Er ist Handballprofi.
Morgen ist dann Leo dran mit Spielen.
Es ist sein erstes richtiges Handballturnier.
Leo geht schon seit zwei Monaten
regelmäßig zum Training.

„Ding-Dong“ tönt es in der ganzen Schule.
Frau Müller, Leos Klassenlehrerin, sagt:
„Ich wünsche euch ein schönes Wochenende.
Vergesst die Hausaufgaben nicht!“

Die Kinder springen auf.
Sie packen ihre Schulranzen
und rennen auf den Schulhof.
Auch Leo, Max und Oskar sind schnell draußen.
Die drei gehen immer gemeinsam nach Hause.
Sie wohnen fast am selben Ort.

Leos Mama wartet bereits an der Haustür.
Leo läuft schnell zu ihr hin und ruft:
„Jetzt kann ich das ganze Wochenende spielen!“

Sie legt ihren Arm auf seine Schulter:
„Ja, Leo. Aber zuerst machst du deine
Hausaufgaben!“

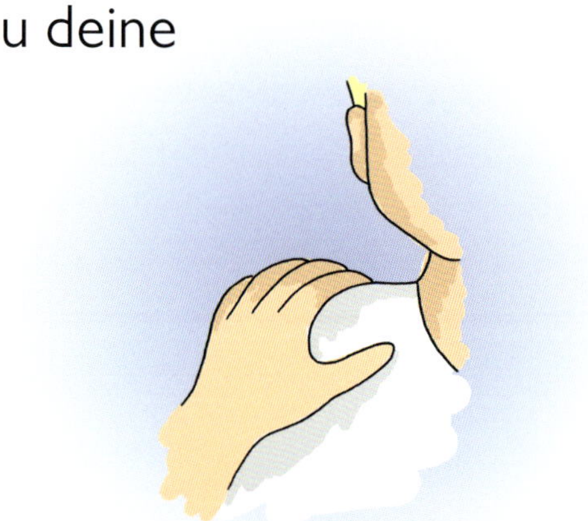

Leo öffnet seinen Schulranzen
und setzt sich an den Tisch.
Sechs Reihen rechnen
und eine halbe Seite
Wörter mit „St“ schreiben.
„Das geht schnell“,
sagt Leo und beginnt.

Seine Beine zappeln unter dem Tisch.
Er will schnell raus.

„Fertig!“, ruft Leo freudig.
Seine Mama schaut auf die Aufgaben
und sagt stolz:
„Alles richtig! Bravo, Leo!“

Leo zieht sofort seine Sportsachen an.

Er nimmt sich noch einen Apfel

aus dem Kühlschrank und rennt raus.

Oskar und Max sind schon da.

„Ich habe meinen neuen Ball dabei!“,
ruft Max.
Den hat er zum Geburtstag bekommen.

Die drei Freunde gehen zum Sportplatz.

Es ist warm, die Sonne strahlt vom blauen Himmel.

Viele Kinder sind bereits da.

Den ganzen Nachmittag
spielen sie Handball und Fußball.
Vier gegen vier. Fünf gegen fünf.
Die Kinder rennen und springen herum.
Sie lachen viel.
„Es macht so viel Spaß, gemeinsam
draußen zu spielen!“, meint Oskar.

Auch Leos Bruder Tim
kommt später noch hinzu.
Er ist aber noch ein bisschen klein.
Darum stellt er sich hinter das Tor
und schaut den Großen zu.

Die Kirchturmuhr schlägt vier Mal.
Für Leo und Tim wird es Zeit, aufzubrechen.
„Das letzte Tor entscheidet.
Dann muss ich nach Hause“,
ruft Leo den anderen Kindern zu.
Er geht ja bald in die SAP-Arena.
Dort finden die Heimspiele der Löwen statt.
Das sind immer tolle Erlebnisse.
Die Halle sieht aus wie ein Ufo.
Es kommen sehr viele Leute
und die Stimmung ist gigantisch.

Leo nimmt seinen kleinen Bruder an die Hand und geht.

Die anderen Kinder rufen noch:

„Bis bald, Jungs!“

Die beiden lächeln und winken zurück.

Mama und Papa warten bereits zu Hause.
Alle vier essen gemeinsam am Tisch:
Nudeln mit Tomatensoße und Salat.
Papa muss bald los.
„Bis später in der Halle“,
sagt er zu seinen Jungs.
Er gibt ihnen einen Kuss und geht zum Auto.
Leo ruft noch aus dem Fenster:
„Du musst viele Tore werfen!“

Leo, Tim und Mama fahren später auch los.

Nach etwa zwanzig Minuten sind sie da.

Sie setzen sich auf ihre Plätze und schauen den Mannschaften beim Aufwärmen zu.
Leo kennt alle Spieler.
Er weiß sogar, aus welchem Land sie kommen.
Leo zeigt auf die Spieler und erklärt Tim:
„Schweden, Dänemark, Serbien, Norwegen, Island, Mazedonien, Deutschland."

Leo hofft, dass die Löwen heute gewinnen
und am Ende der Saison
den großen Pokal bekommen.
Der ist silbern, rund und sehr schwer.

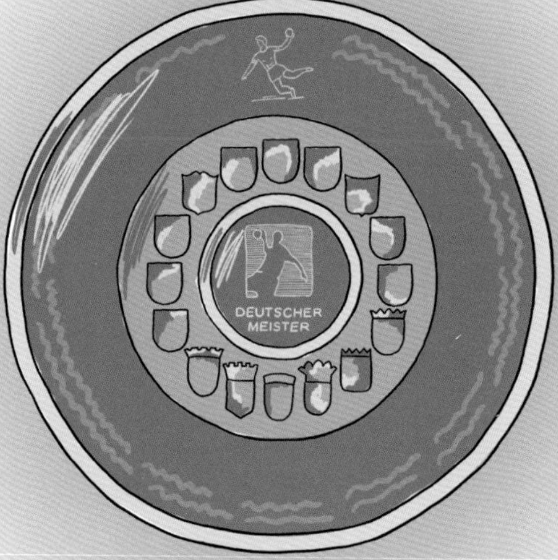

Es sind sehr viele Zuschauer da.
Mehr als zehntausend.
Die Mannschaften kommen aufs Feld.
Zuerst die Füchse.
Dann die Löwen.
Das Spiel geht los.

Auch Leo und Tim fiebern jede Sekunde mit.
Sie rufen und jubeln.
Leo flüstert Mama ins Ohr:
„Wenn ich groß bin,
möchte ich auch hier spielen.“

Mama lächelt und
hält seine Hand.

Beide Mannschaften spielen sehr gut.

Zur Halbzeit steht es 14 zu 14 – unentschieden.

In der Pause holt Mama ein Eis für die beiden.

„Mmh ... Mango“, schwärmt Leo.

Er schlürft an seinem Raketen-Eis.

Tim mag lieber Schokolade.

Auch in der zweiten Halbzeit bleibt es spannend.
Die Löwen haben den letzten Angriff.
Es steht 25 zu 25.
„Hoffentlich gibt es ein Tor!“,
sagt Leo nervös.

Noch zehn Sekunden.

Leos Papa passt zum Kreisläufer.

Der wirft dem Torwart den Ball zwischen die Beine.

„Toooor, Toooor!“,

schreien die Kinder laut.

Die Löwen gewinnen 26 zu 25.

Die Zuschauer toben, alle jubeln.
Viele Kinder rennen aufs Feld.
Auch Leo und Tim.
Sie laufen schnell zu ihrem Papa
und umarmen ihn.

Es sind viele Kinder auf dem Spielfeld.

Autogramme werden gesammelt.

Bälle fliegen durch die Luft.

Alle spielen miteinander.

Nur ein kleiner Junge
sitzt auf der Spielerbank.
Er weint.
Leo kennt ihn nicht,
geht aber zu ihm hin.
„Warum weinst du?“,
fragt er vorsichtig.
„Ich möchte auch mitspielen“,
stottert der Junge im gelben Trikot.

„Klar doch, jeder darf mitspielen.
Komm mit!“, antwortet Leo
und nimmt ihn mit aufs Feld.
Der Junge lächelt und
wischt sich die Tränen aus den Augen.

Nach einer Stunde ist die Halle fast leer.
Auch der Junge im gelben Trikot
hat die Halle glücklich
mit seinen Eltern verlassen.

Leos Papa hat geduscht.
„Es ist schon spät, ab nach Hause“,
sagt er zu den beiden Jungs.
Leo hat fast vergessen,
dass er morgen fit sein muss
für sein erstes Turnier.

Alle vier gehen gemeinsam aus der Halle.

Es war ein schöner Abend für die ganze Familie.

Endlich zu Hause!

Hände waschen,

Zähne putzen und ab ins Bett.

Tim schläft sofort ein.

Leo kann noch nicht schlafen.

Er freut sich auf morgen.

„Ich möchte auch so gut werden wie du, Papa!“, sagt Leo.

Papa gibt ihm einen Kuss auf die Stirn und meint: „Irgendwann wirst du das sicher, du musst nur üben!“

Kurze Zeit später schläft Leo zufrieden ein.

Am nächsten Morgen wacht Leo früh auf.

Es ist erst sieben Uhr.

Er weckt alle.

„Heute habe ich mein erstes Handballturnier!“,

ruft er durch das ganze Haus.

Er freut sich riesig auf die Spiele.

Mama, Papa, Tim und Leo
setzen sich gemeinsam hin und frühstücken:
Eier, Schinken und Brot.
„Ich liebe Spiegeleier“,
sagt Leo zu seiner Mama.
Die Eltern spüren,
dass Leo sehr aufgeregt ist.

Um 10 Uhr klingelt es.
Oskar und Max stehen vor der Tür.
Sie spielen in der gleichen Mannschaft wie Leo –
nämlich bei den Junglöwen.
Leo schnürt seine Schuhe und
setzt sich den Helm auf.
„Tschüss!“, ruft er seiner Familie zu.
Dabei strahlt er über beide Ohren.

Die drei Freunde fahren
mit ihren Rollern zur Halle.
Diese ist nur fünf Minuten entfernt.

Trainer Robert wartet schon auf sie.
„Guten Morgen, Jungs!
Seid ihr bereit?“, fragt er.
„Ja klar!“, rufen alle drei laut.
Leos Mitspieler sind bereits in der Kabine.

Trikots anziehen. Aufwärmen.

Leo ist nervös.

Es ist sein erstes Spiel mit der Mannschaft.

Und heute gibt es gleich zwei Spiele.

Er hat nicht einmal bemerkt,

dass seine ganze Familie auf der Tribüne sitzt.

Natürlich wollen alle Leos erstes Spiel sehen.

Der Schiedsrichter pfeift.
Das erste Spiel beginnt:
die Junglöwen gegen die Bären.
„Pass zu mir!“, ruft Oskar.

Leo prellt den Ball und spielt direkt zu Oskar.
Der wirft in die linke Torecke.
1 zu 0. Alle jubeln.
„Schnell zurück!“,
ruft Trainer Robert seinen Spielern zu.

22
2
6

Das Spiel geht hin und her.
Am Ende steht es 8 zu 7 für die Bären.
Knapp verloren.
Leo ist enttäuscht.
Die Spieler beider Mannschaften
geben sich die Hand.

„Danke für das tolle Spiel!
Du hast super gespielt“,
sagt der Bären-Kapitän zu Leo.
Leo antwortet stolz:
„Danke. Du auch.
Ihr habt auch eine tolle Mannschaft!
Aber nächstes Mal gewinnen wir.“
Beide lachen und klatschen nochmals ab.

Auch Trainer Robert ist sehr zufrieden.

Jetzt haben die Mannschaften eine kurze Pause.
Da erzählt Leo den anderen Jungs
vom Spiel der Profimannschaft.
„Wir müssen mehr passen!
Wie die Löwen gestern!“, erklärt er.
Seine Mitspieler nicken.
Max fügt noch hinzu:
„Zusammen sind wir die Besten.“
Alle freuen sich auf das zweite Spiel.

21
27
3
5
6
11

Leo hat jetzt seine Familie
auf der Tribüne entdeckt.
Stolz winkt er zu ihnen hoch.

Im zweiten Spiel
kämpfen die Junglöwen
gegen die Tiger.
Diese tragen weiße Trikots.
„Wie die Füchse gestern Abend“,
denkt sich Leo.

Das Spiel geht los.
Leo springt hoch
und wirft das erste Tor.
1 zu 0.
„Du hast einen super Sprungwurf!“,
ruft Max Leo zu.

Beide Mannschaften rennen hin und her.
Tippen, passen, täuschen, werfen.

Plötzlich passiert etwas.
Bei einem Wurf trifft Leo
den Torhüter im Gesicht.
„Aua!“, schreit der Torwart
und legt sich auf den Boden.
Sofort geht Leo hin und sagt:
„Entschuldigung, das war keine Absicht!“
Er hilft ihm auf die Beine.

Nach einer kurzen Pause
geht das Spiel weiter.

Die Junglöwen gewinnen am Ende 11 zu 6.

Sieg!

Leo, Oskar, Max und ihre Mitspieler jubeln.

Danach geht Leo direkt zum Torhüter.
Dieser hält sich einen Eisbeutel aufs Auge.
„Nochmals Entschuldigung!“,
sagt Leo.
„Kein Problem.
Das ist schon mehrmals passiert“,
antwortet der Torhüter.
Beide lachen.

Das Turnier ist vorbei.

Fast vorbei.

Jedes Kind erhält noch eine Medaille.

Eine silberne mit einem Handballer drauf.

Leo legt sie sich sofort um den Hals
und schaut stolz zur Tribüne.
Er strahlt vor Freude.
Papa, Mama und Tim winken ihm glücklich zu.

Leo legt die Medaille den ganzen Tag
nicht mehr ab.
Am Abend nimmt er sie sogar mit ins Bett.

Müde schaut er seinen Papa an und sagt:
„Irgendwann möchte ich den großen,
runden Pokal gewinnen."
Papa umarmt Leo und sagt:
„Ich bin sehr stolz auf dich!"

Mit einem Lächeln im Gesicht schläft Leo ein.
Am Sonntag kann er ausschlafen.

Was für ein tolles Wochenende!

4+4

MORO